DAS ULTIMATIVE REZEPTBUCH MIT KEFIR

100 gesunde, heilende und aromatisierte Kefir-Getränke

Marco Schmidt

Urheberrechtliches Material ©2023

Alle Rechte vorbehalten

Kein Teil dieses Buches darf in irgendeiner Form oder mit irgendwelchen Mitteln ohne die entsprechende schriftliche Zustimmung des Herausgebers und Urheberrechtsinhabers verwendet oder übertragen werden, mit Ausnahme von kurzen Zitaten, die in einer Rezension verwendet werden. Dieses Buch sollte nicht als Ersatz für medizinische, rechtliche oder andere professionelle Beratung betrachtet werden.

INHALTSVERZEICHNIS

INHALTSVERZEICHNIS **3**
EINFÜHRUNG **6**
GRUNDREZEPTE **7**
   1. Kokosnuss-Kefir 8
   2. Wasserkefir 10
   3. Milchkefir 12
   4. Vanillemilchkefir 14
FRUCHTIGER KEFIR **16**
   5. Litschi-Kokos-Kefir 17
   6. Zitruskefir 19
   7. Himbeer-Leinsamen-Kefir 21
   8. Piña Colada Kefir 23
   9. Erdbeer-Bananen-Kefir 25
   10. Erdbeer-Limetten-Kefir 27
   11. Wassermelonen-Slush-Kefir 29
   12. Himbeer-Kefir-Limonade 31
   13. Erdbeeren in Kokosnusskefir 33
   14. Blaubeer-Granatapfel-Kefir 35
   15. Himbeersaft-Kefir 37
   16. Traubensaft-Kefir 39
   17. Wasserkefir mit Orangenschale 41
   18. Kirsch-Vanille-Kefir 43
   19. Holunderwasserkefir 45
   20. Blaubeer-Zitronen-Kefir 47
   21. Mango-Ananas-Kefir 49
   22. Himbeer-Limetten-Kefir 51
   23. Wassermelonen-Minz-Kefir 53
   24. Pfirsich-Ingwer-Kefir 55
   25. Kirsch-Vanille-Kefir 57
   26. Kiwi-Erdbeer-Kefir 59
   27. Apfel-Zimt-Kefir 61
   28. Brombeer-Kokos-Kefir 63
WÜRZIGER KEFIR **65**
   29. Kakao-Gewürz-Milch-Kefir 66
   30. Kefir-Eierlikör 68
   31. Pflaumen-Zimt-Kefir 70
   32. Cranberry-Apfel-Gewürzwasser-Kefir 72
   33. Zitronen-Ingwer-Cayenne-Wasserkefir 74
   34. Kürbisgewürzwasserkefir 76

35. Süßer Ahornkefir 78
36. Schwarzer Sesammilchkefir 80
37. Honig- und Gewürzkefir 82
38. Kurkuma-Ingwer-Kefir 84
39. Kurkuma-Kardamom-Kefir 86
40. Zimt-Vanille-Kefir 88
41. Lebkuchen-Kefir 90
42. Mit Chai gewürzter Kefir 92
43. Kürbis-Gewürz-Kefir 94
44. Vanille-Kardamom-Kefir 96
45. Muskatnuss-Nelken-Kefir 98
46. Fünf-Gewürze-Kefir 100
47. Gewürzter Apfelkefir 102
48. Pfefferminz-Mokka-Kefir 104

PFLANZLICHER KEFIR 106
49. Karottenkefir 107
50. Rhabarber-Rosmarin-Wasser-Kefir 109
51. Süßkartoffel-Kefir 111
52. Gurken-Koriander-Kefir 113
53. Gurken-Minz-Kefir 115
54. Karotten-Ingwer-Kefir 117
55. Spinat-Basilikum-Kefir 119
56. Rote-Bete-Apfel-Kefir 121
57. Tomaten-Basilikum-Kefir 123
58. Grünkohl-Ananas-Kefir 125
59. Paprika-Koriander-Kefir 127
60. Zucchini-Basilikum-Kefir 129
61. Süßkartoffel-Zimt-Kefir 131
62. Brokkoli-Grüner Apfel-Kefir 133

BLUMIGER KEFIR 135
63. Süßer Lavendelmilchkefir 136
64. Lila-Pfirsich-Kefir 138
65. Blaubeer-Zitronen-Lavendel-Kefir 140
66. Schmetterlingserbsen-Kamille-Kefir 142
67. Hibiskus-Ingwer-Wasserkefir 144
68. Lavendel-Blaubeer-Kefir 146

KRÄUTERKEFIR 148
69. Brennnesselblatt-Wasserkefir 149
70. Eisiger Minzkefir 151
71. Rosmarin-Thymian-Kefir 153
72. Basilikum-Grapefruit-Kefir 155

73. Dill-Gurken-Kefir 157
74. Basilikum-Zitronen-Kefir 159
75. Rosmarin-Knoblauch-Kefir 161
76. Schnittlauch-Zwiebel-Kefir 163
77. Petersilien-Limetten-Kefir 165
78. Thymian-Zitronen-Kefir 167
79. Minz-Limetten-Kefir 169
80. Koriander-Jalapeño-Kefir 171
81. Salbei-Rosmarin-Kefir 173
82. Estragon-Basilikum-Kefir 175

NUSSIGER KEFIR 177

83. Mandelbutter-Bananen-Kefir 178
84. Erdnussbutter-Schokoladen-Kefir 180
85. Haselnuss-Kaffee-Kefir 182
86. Cashew-Vanille-Kefir 184
87. Walnuss-Bananen-Brot-Kefir 186
88. Pistazien-Kardamom-Kefir 188
89. Kokos-Mandel-Kefir 190
90. Macadamia-Beeren-Kefir 192
91. Pekannuss-Kürbis-Gewürz-Kefir 194
92. Sesam-Ingwer-Kefir 196

KEFIR-COCKTAIL 198

93. Rum-Apfel-Ingwer-Kefir-Cocktail 199
94. Kokos-Tequila-Kefir-Cocktail 201
95. Minz-Schokoladen-Kefir-Cocktail 203
96. Kefir-Gin-Cocktail 205
97. Mojito-Kefir-Cocktail 207
98. Kirschblütencocktail 209
99. Yuzu-, Ube- und Kefir-Cocktail 211
100. Basilikum-Jalapeno-Kefir-Cocktail 213

ABSCHLUSS 215

EINFÜHRUNG

Kefir ist ein probiotisches Getränk mit heilenden Eigenschaften, das unseren Alterungsprozess verlangsamt. Es wird aus Kefirkörnern hergestellt, die aus Mexiko stammen. Bei diesen Körnern handelt es sich nicht um Getreide, sondern um eine Mutterkultur, die Zucker in einem Fermentationsprozess verdaut, was zu einem kohlensäurehaltigen Getränk ähnlich Champagner führt.

Obwohl für einige Kefirsorten Milchprodukte erforderlich sind, ist auch Rohwasserkefir erhältlich. Im Gegensatz zu Milchjoghurt enthält Kefir etwa dreißig Bakterien- und Hefestämme. Die Kultur besteht aus kleinen durchsichtigen Kügelchen, sogenannten „Körnern", die aus einem Polysaccharid namens Kefiran, organischen Säuren, Hefen und Bakterien bestehen. Idealerweise verwenden Sie lebende Körner und keine dehydrierten oder gefrorenen Körner. Vermeiden Sie Starterpulver; Die Bakterien sind nicht so aktiv und schaffen mit etwas Glück nur acht Chargen, bevor Sie mehr Starterpulver kaufen müssen. Sie müssen lebende Körner nur einmal kaufen und sie wachsen und dehnen sich bei richtiger Pflege unbegrenzt aus.

GRUNDREZEPTE

1. Kokos-Kefir

ZUTATEN:

- 2 Kokosnüsse
- 1 bis 2 Esslöffel Wasserkefirkörner

ANWEISUNGEN:

a) Öffnen Sie Ihre Kokosnüsse und gießen Sie das Kokoswasser durch ein Plastiksieb in einen großen Messbecher oder eine Schüssel. Füllen Sie dann das Wasser in ein großes Einmach- oder Einmachglas aus Glas. Die Verwendung eines Trichters wird es einfacher machen. Füllen Sie Ihr Glas nur zu drei Viertel bis vier Fünftel. HINWEIS: Stellen Sie sicher, dass das Wasser klar ist. Wenn das Wasser rosa ist, ist es ranzig.

b) Als nächstes geben Sie Ihre Kefirkörner mit dem Kokoswasser in das Glas. Schließen Sie den Deckel und stellen Sie das Glas an einen Ort mit einer Temperatur von 21 bis 24 °C. In kälteren Klimazonen können Sie Ihr Glas in den Ofen stellen, wobei nur die Ofenlampe eingeschaltet ist.

c) Je länger Ihr Wasser gärt, desto weniger süß-sauer und essigartig schmeckt es. Das Wasser wird milchig. Die Brühzeit sollte 48 Stunden nicht überschreiten. Es gibt keine Mindestbrühzeit; Je kürzer die Zeit, desto mehr Zucker und desto süßer ist Ihr Gebräu. Idealerweise solltest du das Kokoswasser zwischen 24 und 48 Stunden ziehen lassen. Sie können Ihr Wasser alle 24 Stunden probieren, um zu prüfen, ob es leicht kohlensäurehaltig ist, wie etwa Champagner, und um den gewünschten Zuckergehalt und Geschmack zu erreichen.

d) Sobald Ihr Sud fertig ist, gießen Sie ihn in eine nichtmetallische Schüssel und fangen Sie die Körner in einem Plastiksieb auf.

e) Gießen Sie das abgesiebte Kefirwasser in ein anderes Glas und genießen Sie es sofort. Im Kühlschrank aufbewahren.

f) Im Kühlschrank bleibt es mehrere Wochen haltbar.

2. Wasserkefir

ZUTATEN:
- 2 Tassen gefiltertes Wasser
- ⅓ Tasse Bio-Turbinadozucker
- 1 Esslöffel Rosinen
- ¼ Tasse Zitronenscheiben mit Schale
- 1 bis 2 Esslöffel Wasserkefirkörner

ANWEISUNGEN:
a) Gießen Sie das Wasser in ein Glasgefäß mit Deckel. Füllen Sie es nicht bis zum Rand und lassen Sie ein paar Zentimeter Luft übrig. Lösen Sie den Zucker im Wasser durch Rühren oder Schütteln bei geschlossenem Deckel auf. Rosinen und Zitronenscheiben sowie Kefirkörner hinzufügen. Mach den Deckel zu.
b) Stellen Sie das Glas zum Brauen und Gären für 24 bis 48 Stunden in einen dunklen Schrank. Sie können das Gebräu einmal täglich umrühren oder es einfach zwei Tage lang ruhen lassen. Wenn Sie fertig sind, schöpfen Sie die Zitrone und die Rosinen mit einem Plastiklöffel oder einem Sieb von der Oberfläche. Rühren Sie dann leicht um und gießen Sie das Wasser durch ein Plastiksieb, um alle Wasserkefirkörner aufzufangen.
c) Gießen Sie das Wasser in einen Glasbehälter, stellen Sie ihn entweder in den Kühlschrank und genießen Sie ihn sofort. Oder lassen Sie es zur Nachgärung noch ein oder zwei Tage bei Raumtemperatur stehen und stellen Sie das Glas dann zum Genießen in den Kühlschrank.
d) Wird es einen Monat oder länger im Kühlschrank aufbewahren.
e) Verwenden Sie die Kefir-Wasserkörner, um sofort eine weitere Charge zu starten.

3. Milchkefir

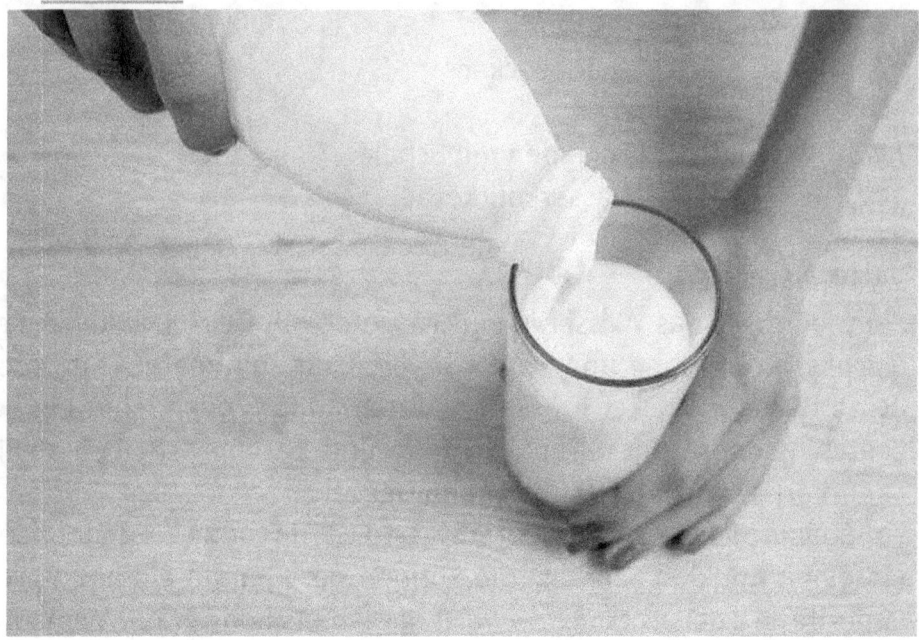

ZUTATEN:
- 1 Esslöffel Kefirkörner
- 4 Tassen Vollkuhmilch

ANWEISUNGEN:

a) Geben Sie die Kefirkörner und 4 Tassen Vollmilch in einen großen Glaskrug.

b) Decken Sie die Kanne entweder mit ein paar Lagen Papiertüchern oder einigen Papierkaffeefiltern ab. Mit einem Gummiband sichern, um das Eindringen von Insekten oder Staub zu verhindern.

c) An einem warmen, dunklen Ort etwa 24 Stunden ruhen lassen.

d) Stellen Sie eine breite, nichtmetallische Schüssel unter ein feinmaschiges, nichtmetallisches Sieb. Gießen Sie Ihren fertigen Kefir in das Sieb und rühren Sie ihn mit einem Plastik- oder Holzlöffel um, um den Kefir vorsichtig durchzudrücken. Die Körner bleiben übrig.

e) Spülen Sie das große Glas aus, in dem Sie die Körner fermentiert haben, und geben Sie die Körner dann wieder hinein. Fügen Sie 4 Tassen frische Milch hinzu, um den Vorgang zu starten.

f) Füllen Sie den fertigen Kefir, der in der breiten Schüssel gesammelt wird, in ein verschließbares Glas um. Im Kühlschrank ca. 2 Wochen lagern.

4. Vanille-Milch-Kefir

ZUTATEN:
- 2 Tassen Milchkefir
- 1 Teelöffel Vanilleextrakt

ANWEISUNGEN:
a) Vanille unter den Milchkefir rühren.
b) Genießen.

FRUCHTIGER KEFIR

5. Litschi-Kokos-Kefir

ZUTATEN:
- 2 Tassen Kokoswasser
- 6 Esslöffel Wasserkefirkörner
- 5 frisch geschälte oder konservierte Litschis
- Frische Granatapfelkerne

ANWEISUNGEN:
a) Geben Sie 2 Tassen Kokoswasser in ein 2-Liter-Glas.
b) Fügen Sie 2 Esslöffel Wasserkefirkörner hinzu.
c) Decken Sie Ihr Glas mit einem Kaffeefilter oder einem Tuch ab, das mit einem Gummiband befestigt ist.
d) 48 Stunden ruhen lassen, der Kokoswasserkefir wird leicht sprudelnd und hat einen leicht würzigen Geschmack.
e) Nach 2 Tagen der Gärung fügen Sie Ihre 3 frisch geschälten oder konservierten Litschis hinzu und gären weitere 12–24 Stunden
f) Filtern Sie Ihr Kokoswasser in einer Schüssel, um die Kefirperlen zu entfernen. Entfernen Sie die Litschis. Bewahren Sie Ihre Kefirperlen im Kühlschrank in einem luftdichten Glas mit gefiltertem Wasser und etwas Zucker auf.
g) Füllen Sie Ihren Litschi-Kokoswasser-Kefir in eine luftdichte Flasche und bewahren Sie ihn in Ihrem Kühlschrank auf. Es ist einige Wochen haltbar.
h) Gekühlt mit Granatapfelkernen und Litschi servieren.

6. Zitruskefir

ZUTATEN:
- 2 Tassen Milchkefir
- 2 bis 4 Esslöffel Zitronensaft

ANWEISUNGEN:
a) Den Zitronensaft mit dem Milchkefir vermischen und servieren.

7. Himbeer-Leinsamen-Kefir

ZUTATEN:
- 2 Tassen Milchkefir
- 2 Esslöffel gemahlener Leinsamen
- ½ Tasse Himbeeren
- Bio-Rohrzucker

ANWEISUNGEN:
a) Geben Sie die Zutaten in einen Mixer und mixen Sie sie.
b) Wenn Sie möchten, fügen Sie Süßstoff hinzu. Aufschlag.

8. Piña Colada Kefir

ZUTATEN:
- 1 Tasse Milchkefir
- ½ Tasse Kokoscreme
- ½ Tasse Ananassaft

ANWEISUNGEN:
a) Milchkefir, Kokoscreme und Ananassaft in den Mixer geben.
b) Mischen Sie sie.
c) Aufschlag.

9. Erdbeer-Bananen-Kefir

ZUTATEN:
- 1 Tasse Milchkefir
- 6 bis 8 Erdbeeren
- 1 Banane
- 5 Eiswürfel

ANWEISUNGEN:
a) Geben Sie die oben genannten Zutaten in einen Mixer und mixen Sie sie.
b) Aufschlag.

10. Erdbeer-Limetten-Kefir

ZUTATEN:
- 1 Tasse Milchkefir
- 2 Esslöffel Limettensaft
- 5 Erdbeeren
- Bio-Rohrzucker
- 5 Eiswürfel

ANWEISUNGEN:

a) Geben Sie alle oben genannten Zutaten in einen Mixer und mixen Sie alles.

b) Zucker hinzufügen.

11. Wassermelonen-Slush-Kefir

ZUTATEN:
- 1 Tasse Milchkefir
- 2 Tassen kernlose Wassermelone, gehackt
- 10 Eiswürfel

ANWEISUNGEN:
a) Geben Sie die oben genannten Zutaten in einen Mixer und mixen Sie alles.
b) Aufschlag.

12. Himbeer-Kefir-Limonade

ZUTATEN:
- ½ Tasse frische oder aufgetaute gefrorene Himbeeren
- ⅔ Tasse frisch gepresster Zitronensaft
- ½ Tasse Agavendicksaft
- 3 Tassen Kefir

ANWEISUNGEN:
a) Alle Zutaten in einen Hochgeschwindigkeitsmixer geben und glatt rühren.
b) Durch ein Plastiksieb in einen Krug abseihen. Auf Eis servieren.
c) Wird es 2 Tage im Kühlschrank aufbewahren.

13. Erdbeeren in Kokos-Kefir

ZUTATEN:
- 1 Tasse frische Erdbeeren
- 4 Tassen Kokosnusskefir, gekühlt

ANWEISUNGEN:
a) Die Erdbeeren und den Kefir auf vier Gläser verteilen.
b) Vor dem Servieren die Erdbeeren mit einer Gabel zerdrücken und im Kefir zerstampfen.

14. Blaubeer-Granatapfel-Kefir

ZUTATEN:
- 1 Liter Wasserkefir
- ½ Tasse Blaubeer-Granatapfel-Saft

ANWEISUNGEN:

a) Machen Sie Wasserkefir und entfernen Sie die Kefirkörner.

b) Fügen Sie ½ Tasse Blaubeer-Granatapfel-Saft pro Liter Wasserkefir hinzu.

c) Kalt servieren.

15. Himbeersaft-Kefir

ZUTATEN:
- Kefirkörner
- 1-2 Liter Bio-Himbeersaft

ANWEISUNGEN:
a) Fügen Sie Kefirkörner zu 1–2 Liter Bio-Himbeersaft hinzu.
b) Kultur 24–48 Stunden.

16. Traubensaft-Kefir

ZUTATEN:
- Kefirkörner
- 1-2 Liter Bio-Traubensaft

ANWEISUNGEN:

a) Fügen Sie Kefirkörner zu 1–2 Liter Bio-Trauben- oder Apfelsaft hinzu.

b) Kultur für 24–48 Stunden.

17. Wasserkefir mit Orangenschale

ZUTATEN:
- Kefirkörner
- Streifen Bio-Orangenschale
- 1-2 Liter Zuckerwasser

ANWEISUNGEN:

a) Geben Sie die Kefirkörner und mehrere Streifen Bio-Orangenschale in eine normale Menge Zuckerwasser.

b) Kultur 24–48 Stunden.

c) Entfernen Sie die Orangenschale und entsorgen Sie sie.

d) Entfernen Sie die Kefirkörner und servieren Sie den fertigen Wasserkefir kalt.

18. Kirsch-Vanille-Kefir

ZUTATEN:
- 4 Tassen erste Gärung
- ¼ Tasse Kirschsaft
- ½ Teelöffel Vanille

ANWEISUNGEN:
a) Bereiten Sie den ersten Gär vor und lassen Sie das Glas 24–48 Stunden lang an einem warmen Ort stehen.
b) Die Körner abseihen und die Zutaten mit dem ersten Ferment des Wasserkefirs in die Flasche mit Drehverschluss geben.
c) Verschließen Sie die Flasche mit Drehverschluss und lassen Sie sie für die zweite Gärung 24 Stunden lang an einem warmen Ort stehen.
d) Langsam öffnen, abseihen und genießen!

19. Holunderwasserkefir

ZUTATEN:
- 1 Liter Wasserkefir
- 1 Esslöffel getrocknete Holunderbeeren

ANWEISUNGEN:

a) Nach der ersten Gärung Kefir in ein sauberes Glas füllen und Holunderbeeren hinzufügen.

b) Mit einem luftdichten Deckel abdecken und an einem dunklen Ort mindestens 24 Stunden lang erneut gären lassen.

c) Kalt stellen.

20. Blaubeer-Zitronen-Kefir

ZUTATEN:

1 Tasse Kefir
1/2 Tasse Blaubeeren
Schale von 1 Zitrone
1 Teelöffel Ahornsirup (optional)

ANWEISUNGEN:

In einem Mixer Kefir, Blaubeeren, Zitronenschale und Ahornsirup (falls gewünscht) vermischen.

Mischen, bis alles gut vermischt ist.

In ein Glas füllen und gekühlt servieren.

21. Mango-Ananas-Kefir

ZUTATEN:

1 Tasse Kefir
1/2 Tasse frische Mango, gewürfelt
1/2 Tasse frische Ananas, gewürfelt

ANWEISUNGEN:

In einem Mixer Kefir, Mango und Ananas vermischen.

Mixen, bis eine glatte und cremige Masse entsteht.

In ein Glas füllen und gekühlt servieren.

22. Himbeer-Limetten-Kefir

ZUTATEN:

1 Tasse Kefir
1/2 Tasse Himbeeren
Saft von 1 Limette
1 Teelöffel Agavensirup (optional)
ANWEISUNGEN:

In einem Mixer Kefir, Himbeeren, Limettensaft und Agavensirup (falls gewünscht) vermischen.

Mischen, bis alles gut vermischt ist.

In ein Glas füllen und gekühlt servieren.

23. Wassermelonen-Minz-Kefir

ZUTATEN:

1 Tasse Kefir
1/2 Tasse frische Wassermelone, gewürfelt
1 Esslöffel frische Minzblätter, gehackt
ANWEISUNGEN:

In einem Mixer Kefir, Wassermelone und Minzblätter vermischen.

Mixen, bis eine glatte und cremige Masse entsteht.

In ein Glas füllen und gekühlt servieren.

24. Pfirsich-Ingwer-Kefir

ZUTATEN:

1 Tasse Kefir
1/2 Tasse frische Pfirsiche, in Scheiben geschnitten
1 Teelöffel geriebener Ingwer
1 Teelöffel Honig (optional)
ANWEISUNGEN:

In einem Mixer Kefir, Pfirsiche, Ingwer und Honig (falls gewünscht) vermischen.

Mischen, bis alles gut vermischt ist.

In ein Glas füllen und gekühlt servieren.

25. Kirsch-Vanille-Kefir

ZUTATEN:

1 Tasse Kefir
1/2 Tasse Kirschen, entkernt
1/2 Teelöffel Vanilleextrakt

ANWEISUNGEN:

In einem Mixer Kefir, Kirschen und Vanilleextrakt vermischen.

Mixen, bis eine glatte und cremige Masse entsteht.

In ein Glas füllen und gekühlt servieren.

26. Kiwi-Erdbeer-Kefir

ZUTATEN:

1 Tasse Kefir
1 Kiwi, geschält und in Scheiben geschnitten
1/2 Tasse Erdbeeren, in Scheiben geschnitten
1 Teelöffel Honig (optional)
ANWEISUNGEN:

In einem Mixer Kefir, Kiwi, Erdbeeren und Honig (falls gewünscht) vermischen.

Mischen, bis alles gut vermischt ist.

In ein Glas füllen und gekühlt servieren.

27. Apfel-Zimt-Kefir

ZUTATEN:

1 Tasse Kefir
1/2 Tasse Apfel, gewürfelt
1/2 Teelöffel gemahlener Zimt
1 Teelöffel Ahornsirup (optional)

ANWEISUNGEN:

In einem Mixer Kefir, Apfel, Zimt und Ahornsirup (falls gewünscht) vermischen.

Mixen, bis eine glatte und cremige Masse entsteht.

In ein Glas füllen und gekühlt servieren.

28. Brombeer-Kokos-Kefir

ZUTATEN:

1 Tasse Kefir
1/2 Tasse Brombeeren
2 Esslöffel Kokosflocken
1 Teelöffel Agavensirup (optional)

ANWEISUNGEN:

In einem Mixer Kefir, Brombeeren, Kokosflocken und Agavensirup (falls gewünscht) vermischen.
Mischen, bis alles gut vermischt ist.
In ein Glas füllen und gekühlt servieren.

WÜRZIGER KEFIR

29. Kakao-Gewürzmilch-Kefir

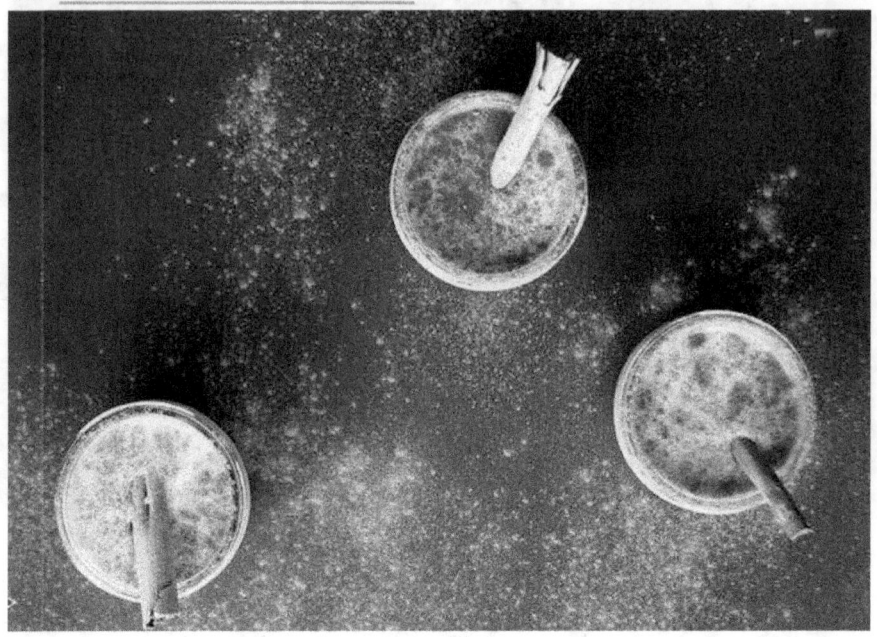

ZUTATEN:

- 4 Tassen Milchkefir
- 5 Esslöffel Kakaopulver
- 2 Nelken
- 2 Esslöffel gemahlener Zimt
- ¼ Esslöffel Muskatnuss
- Bio-Rohrzucker oder Stevia

ANWEISUNGEN:

a) Machen Sie traditionellen Milchkefir und lassen Sie den Kefir 24 Stunden lang bei Raumtemperatur gären.
b) Die Kefirkörner abseihen und in frische Milch geben.
c) Kakaopulver, Nelken, Zimt und Muskatnuss dazugeben und unter den Kefir rühren.
d) Setzen Sie einen Deckel auf den Kefir und lassen Sie ihn weitere 12 bis 24 Stunden gären.
e) Süßstoff hinzufügen.

30. Kefir-Eierlikör

ZUTATEN:
- 4 Tassen traditioneller Kefir
- 2 Eier
- 2 bis 3 Esslöffel Bio-Rohrzucker
- ½ Teelöffel Zimt
- ½ Teelöffel Muskatnuss

ANWEISUNGEN:
a) Kefir, Eier, Zucker, Zimt und Muskatnuss in einen Mixer geben und pürieren, bis eine glatte Masse entsteht.
b) Streuen Sie beim Eingießen etwas Muskatnuss mit Zimt auf jede Tasse.

31. Pflaumen-Zimt-Kefir

ZUTATEN:
- ½ Tasse gewürfelte Pflaumen
- 1 Zimtstange
- 4 Tassen Wasserkefir zum ersten Mal fermentieren

ANWEISUNGEN:

a) Bereiten Sie den ersten Gär vor und lassen Sie das Glas 24–48 Stunden lang an einem warmen Ort stehen.

b) Gewürfelte Pflaumen in ein Glas mit Drehverschluss geben und dann Zimt hinzufügen.

c) Die Körner abseihen und das erste Ferment mit Zimt und Pflaumen in die Flasche geben.

d) Verschließen Sie die Flasche mit Drehverschluss und lassen Sie sie für die zweite Gärung 24 Stunden lang an einem warmen Ort stehen.

e) Im Kühlschrank aufbewahren, bis es gut gekühlt ist.

32. Cranberry-Apfel-Gewürzwasser-Kefir

ZUTATEN:
- Jeweils ¼ Apfel- und Cranberrysaft
- ⅛ Teelöffel gemahlene Nelken
- ⅛ Teelöffel Zimt
- 4 Tassen des ersten Ferments

ANWEISUNGEN:
a) Bereiten Sie den ersten Gär vor und lassen Sie das Glas 24–48 Stunden lang an einem warmen Ort stehen.
b) Die Körner abseihen und das erste Ferment in die Flasche mit Drehverschluss füllen.
c) Preiselbeer- und Apfelsaft sowie Gewürze hinzufügen.
d) Verschließen Sie die Flasche und kippen Sie sie zwei- oder dreimal vorsichtig auf den Kopf, um sicherzustellen, dass die Zutaten gut vermischt sind.
e) Lassen Sie die Flasche für die zweite Gärung 24 Stunden lang an einem warmen Ort stehen.
f) Im Kühlschrank aufbewahren, bis es gut gekühlt ist.

33. Zitronen-Ingwer-Cayenne-Wasserkefir

ZUTATEN:
- 4 Tassen erste Gärung
- ¼ Tasse Zitronensaft
- 5-10 Würfel kandierter oder frischer Ingwer
- Prise Cayennepfeffer
- Zweig frischer Zitronenmelisse oder Minze

ANWEISUNGEN:

a) Bereiten Sie den ersten Gär vor und lassen Sie das Glas 24–48 Stunden lang an einem warmen Ort stehen.

b) Die Körner abseihen und den Wasserkefir in die Flasche mit Drehverschluss füllen. Geben Sie die geschmacksgebenden Zutaten hinzu.

c) Verschließen Sie die Flasche mit Drehverschluss und lassen Sie sie für die zweite Gärung 24 Stunden lang an einem warmen Ort stehen.

d) Langsam öffnen, abseihen und genießen!

34. Kürbisgewürzwasserkefir

ZUTATEN:
- 4 Tassen Wasserkefir zum ersten Mal fermentieren
- ¼ Tasse Kürbispüree
- ½ Teelöffel reiner Vanilleextrakt
- ½ Teelöffel Piment
- ¼ Teelöffel Zimt
- ¼ Teelöffel Muskatnuss
- ¼ Teelöffel Gewürznelke

ANWEISUNGEN:

a) Bereiten Sie den ersten Gär vor und lassen Sie das Glas 48 Stunden lang an einem warmen Ort stehen.

b) Mischen Sie Kürbispüree, Vanille und Gewürze in einer Schüssel und geben Sie eine halbe Tasse des ersten Ferments zu der Mischung hinzu.

c) Gießen Sie die Mischung in eine Flasche mit Drehverschluss und fügen Sie mehr erstes Ferment hinzu, um das Ausgießen zu erleichtern.

d) Die Körner abseihen und das restliche erste Ferment in die Flasche füllen.

e) Verschließen Sie die Flasche und lassen Sie sie für die zweite Gärung 24 Stunden lang an einem warmen Ort stehen.

35. Süßer Ahornkefir

ZUTATEN:
- 2 Tassen traditioneller Milchkefir
- Bio-Ahornsirup

ANWEISUNGEN:
a) Den Ahornsirup unter den Milchkefir rühren.
b) Probieren Sie es und fügen Sie mehr Sirup hinzu, wenn es nicht süß genug ist.

36. Schwarzer Sesammilch-Kefir

ZUTATEN:

- 750 ml Milchkefir
- 3 gehäufte Esslöffel schwarzer Sesam
- 1 Esslöffel Kokosblütenzucker
- ½ Teelöffel Vanille

ANWEISUNGEN:

a) Geben Sie alle Zutaten in Ihren Shaker oder Mixer.
b) Fügen Sie Eis hinzu, wenn Sie es ganz kalt und gefroren mögen.
c) Kräftig mixen und darauf achten, dass das Tahini vollständig vermischt ist.
d) Probieren Sie, um die Süße oder den Geschmack zu prüfen und gegebenenfalls anzupassen.
e) Zum Servieren in die Eisstangenform oder in Gläser gießen.

37. Honig- und Gewürzkefir

ZUTATEN:
- 1½ Tassen Naturkefir
- 2 Teelöffel roher Honig
- 2 Esslöffel geriebener frischer Ingwer
- ½ Teelöffel Zimt + mehr zum Garnieren
- Eis, je nach Bedarf

ANWEISUNGEN:
a) Alle Zutaten in den Krug eines Hochleistungsmixers geben.
b) Auf höchster Stufe mixen, bis eine glatte Masse entsteht, und je nach Bedarf mehr Kefir und Eis hinzufügen, um die gewünschte Konsistenz zu erreichen.
c) Vor dem Servieren mit Zimt bestäuben.

38. Kurkuma- und Ingwer-Kefir

ZUTATEN:
- 1 Tasse Kefir
- 1 Teelöffel gemahlener Kurkuma
- 1 Teelöffel geriebener frischer Ingwer
- ½ Teelöffel gemahlener Zimt
- 2 Teelöffel Honig

ANWEISUNGEN:
a) Mischen und genießen.

39. Kurkuma-Kardamom-Kefir

ZUTATEN:

1 Tasse Kefir
1/2 Teelöffel gemahlene Kurkuma
1/4 Teelöffel gemahlener Kardamom
1 Teelöffel Honig (optional)

ANWEISUNGEN:

In einem Glas Kefir, Kurkuma, Kardamom und Honig (falls gewünscht) vermischen.

Gut umrühren, bis die Gewürze vollständig in den Kefir eingearbeitet sind.

Gekühlt servieren.

40. Zimt-Vanille-Kefir

ZUTATEN:

1 Tasse Kefir
1/2 Teelöffel gemahlener Zimt
1/2 Teelöffel Vanilleextrakt
1 Teelöffel Ahornsirup (optional)

ANWEISUNGEN:

In einem Glas Kefir, Zimt, Vanilleextrakt und Ahornsirup (falls gewünscht) vermischen.

Gut umrühren, um die Gewürze gleichmäßig zu verteilen.

Gekühlt servieren.

41. Lebkuchen-Kefir

ZUTATEN:

1 Tasse Kefir
1/2 Teelöffel gemahlener Ingwer
1/4 Teelöffel gemahlener Zimt
1/4 Teelöffel gemahlene Muskatnuss
1/4 Teelöffel gemahlene Nelken
1 Teelöffel Melasse (optional)
ANWEISUNGEN:

In einem Glas Kefir, Ingwer, Zimt, Muskatnuss, Nelken und Melasse (falls gewünscht) vermischen.

Kräftig umrühren, bis die Gewürze vollständig mit dem Kefir vermischt sind.

Gekühlt servieren.

42. Mit Chai gewürzter Kefir

ZUTATEN:

1 Tasse Kefir
1/2 Teelöffel gemahlener Zimt
1/4 Teelöffel gemahlener Kardamom
1/4 Teelöffel gemahlener Ingwer
1/8 Teelöffel gemahlene Nelken
1/8 Teelöffel gemahlene Muskatnuss
1 Teelöffel Honig (optional)
ANWEISUNGEN:

In einem Glas Kefir, Zimt, Kardamom, Ingwer, Nelken, Muskatnuss und Honig (falls gewünscht) vermischen.

Gut umrühren, um sicherzustellen, dass die Gewürze gut in den Kefir eingearbeitet werden.

Gekühlt servieren.

43. Kürbis-Gewürz-Kefir

ZUTATEN:

1 Tasse Kefir
2 Esslöffel Kürbispüree
1/2 Teelöffel gemahlener Zimt
1/4 Teelöffel gemahlener Ingwer
1/8 Teelöffel gemahlene Muskatnuss
1/8 Teelöffel gemahlene Nelken
1 Teelöffel Ahornsirup (optional)

ANWEISUNGEN:

In einem Glas Kefir, Kürbispüree, Zimt, Ingwer, Muskatnuss, Nelken und Ahornsirup (falls gewünscht) vermischen.

Kräftig umrühren, bis die Zutaten gründlich vermischt sind.

Gekühlt servieren.

44. Vanille-Kardamom-Kefir

ZUTATEN:

1 Tasse Kefir
1/2 Teelöffel Vanilleextrakt
1/4 Teelöffel gemahlener Kardamom
1 Teelöffel Honig (optional)
ANWEISUNGEN:

In einem Glas Kefir, Vanilleextrakt, Kardamom und Honig (falls gewünscht) vermischen.

Gut umrühren, um die Gewürze gleichmäßig zu verteilen.

Gekühlt servieren.

45. Muskatnuss-Nelken-Kefir

ZUTATEN:

1 Tasse Kefir
1/2 Teelöffel gemahlene Muskatnuss
1/4 Teelöffel gemahlene Nelken
1 Teelöffel Honig (optional)
ANWEISUNGEN:

In einem Glas Kefir, Muskatnuss, Nelken und Honig (falls gewünscht) vermischen.

Gut umrühren, um die Gewürze einzuarbeiten.

Gekühlt servieren.

46. Fünf-Gewürze-Kefir

ZUTATEN:

1 Tasse Kefir
1/4 Teelöffel gemahlener Zimt
1/4 Teelöffel gemahlene Nelken
1/4 Teelöffel gemahlene Fenchelsamen
1/4 Teelöffel gemahlener Sternanis
1/4 Teelöffel gemahlene Szechuan-Pfefferkörner
1 Teelöffel Honig (optional)
ANWEISUNGEN:

In einem Glas Kefir, Zimt, Nelken, Fenchelsamen, Sternanis, Szechuan-Pfefferkörner und Honig (falls gewünscht) vermischen.

Gut umrühren, bis alle Gewürze gründlich vermischt sind.

Gekühlt servieren.

47. Gewürzter Apfelkefir

ZUTATEN:

1 Tasse Kefir
1/4 Tasse Apfelsaft
1/4 Teelöffel gemahlener Zimt
1/4 Teelöffel gemahlener Ingwer
1/4 Teelöffel gemahlene Muskatnuss
1 Teelöffel Honig (optional)
ANWEISUNGEN:

In einem Glas Kefir, Apfelsaft, Zimt, Ingwer, Muskatnuss und Honig (falls gewünscht) vermischen.

Gut umrühren, um alle Aromen zu vermischen.

Gekühlt servieren.

48. Pfefferminz-Mokka-Kefir

ZUTATEN:
- 1 Tasse Kefir
- 1/2 Teelöffel Kakaopulver
- 1/4 Teelöffel Pfefferminzextrakt
- 1 Teelöffel Honig (optional)

ANWEISUNGEN:
In einem Glas Kefir, Kakaopulver, Pfefferminzextrakt und Honig (falls gewünscht) vermischen.
Gut umrühren, bis das Kakaopulver vollständig mit dem Kefir vermischt ist.
Gekühlt servieren.

PFLANZLICHER KEFIR

49. Karottenkefir

ZUTATEN:
- 2 Tassen Milchkefir
- ½ Tasse Karottensaft
- ½ Tasse geraspelte Karotten
- 1 Teelöffel Vanilleextrakt
- Süßstoff
- Gärgefäß

ANWEISUNGEN:
a) Machen Sie traditionellen Milchkefir. Die erste Gärung sollte 12 bis 24 Stunden dauern. Die Kefirkörner abseihen, bevor andere Zutaten in das Gärgefäß gegeben werden.
b) Geben Sie den Milchkefir in das Gärgefäß und geben Sie die Karotten, den Karottensaft und die Vanille in den Behälter.
c) Setzen Sie den Deckel oder Deckel auf den Behälter und lassen Sie ihn weitere 12 Stunden gären.
d) Kurz vor dem Servieren den Kefir in den Mixer geben und alles pürieren. Süßstoff hinzufügen.

50. Rhabarber-Rosmarin-Wasser-Kefir

ZUTATEN:
- 4 Tassen erste Gärung
- 1 Tasse fein gehackte Rhabarberstangen
- 1 Esslöffel frischer Rosmarin

ANWEISUNGEN:

a) Bereiten Sie den ersten Gär vor und lassen Sie das Glas 24–48 Stunden lang an einem warmen Ort stehen.

b) Die Körner abseihen und alle Zutaten mit dem ersten Ferment-Wasserkefir in die Flasche mit Drehverschluss geben.

c) Verschließen Sie die Flasche mit Drehverschluss und lassen Sie sie für die zweite Gärung 24 Stunden lang an einem warmen Ort stehen.

d) Langsam öffnen, abseihen und genießen!

51. Süßkartoffel-Kefir

ZUTATEN:

- 1 ¼ Tassen Kürbispüree
- 2 Tassen Naturkefir
- ¼ Tasse Hanfsamen oder Leinsamen
- 2 Teelöffel Zimt
- ½ Teelöffel Muskatnuss
- 2 Tassen Eis
- 2 Esslöffel Ahornsirup

ANWEISUNGEN:

a) Waschen Sie Ihre Süßkartoffel und stechen Sie mit einer Gabel Löcher hinein. Wickeln Sie es in Plastikfolie ein und stellen Sie es 6-7 Minuten lang in die Mikrowelle, bis es durchgegart ist und sich weich anfühlt.

b) Während die Süßkartoffel dampft, geben Sie alle anderen Zutaten in Ihren Mixer. Nehmen Sie die Süßkartoffel aus der Mikrowelle, packen Sie sie aus und lassen Sie sie einige Minuten ruhen, damit das Eis in Ihrem Mixer nicht sofort schmilzt.

c) Sobald die Kartoffel etwas abgekühlt ist, geben Sie sie in Ihren Mixer und mixen Sie sie 60 Sekunden lang, bis Ihr cremiger Süßkartoffelkefir fertig ist!

52. Gurke Koriander Kefir

ZUTATEN:
- 4 Tassen erste Gärung
- ⅛ Tasse Wassermelonenstücke
- ⅛ Tasse fein gehackte Gurke
- 1 Esslöffel frisch gehackter Koriander

ANWEISUNGEN:

a) Bereiten Sie den ersten Gär vor und lassen Sie das Glas 24–48 Stunden lang an einem warmen Ort stehen.

b) Die Körner abseihen und die Zutaten mit dem ersten Ferment des Wasserkefirs in die Flasche mit Drehverschluss geben.

c) Verschließen Sie die Flasche mit Drehverschluss und lassen Sie sie für die zweite Gärung 24 Stunden lang an einem warmen Ort stehen.

d) Langsam öffnen, abseihen und genießen!

53. Gurken-Minz-Kefir

ZUTATEN:

1 Tasse Kefir
1/2 Gurke, geschält und gewürfelt
1 Esslöffel frische Minzblätter, gehackt
Salz und Pfeffer nach Geschmack

ANWEISUNGEN:

In einem Mixer Kefir, Gurke, Minzblätter, Salz und Pfeffer vermischen.

Mixen, bis eine glatte und cremige Masse entsteht.

In ein Glas füllen und gekühlt servieren.

54. Karotten-Ingwer-Kefir

ZUTATEN:

1 Tasse Kefir
1/2 Tasse Karotte, gerieben
1 Teelöffel geriebener Ingwer
Saft von 1/2 Zitrone
Salz nach Geschmack

ANWEISUNGEN:

In einem Mixer Kefir, geriebene Karotte, Ingwer, Zitronensaft und Salz vermischen.

Mischen, bis alles gut vermischt ist.

In ein Glas füllen und gekühlt servieren.

55. Spinat-Basilikum-Kefir

ZUTATEN:

1 Tasse Kefir
1/2 Tasse frische Spinatblätter
1/4 Tasse frische Basilikumblätter
Saft von 1/2 Zitrone
Salz und Pfeffer nach Geschmack

ANWEISUNGEN:

In einem Mixer Kefir, Spinatblätter, Basilikumblätter, Zitronensaft, Salz und Pfeffer vermischen.

Mixen, bis eine glatte und cremige Masse entsteht.

In ein Glas füllen und gekühlt servieren.

56. Rote-Bete-Apfel-Kefir

ZUTATEN:

1 Tasse Kefir
1/2 Tasse gekochte Rote Bete, gewürfelt
1/2 Apfel, gewürfelt
1 Teelöffel Honig (optional)
Eine Prise Zimt

ANWEISUNGEN:

In einem Mixer Kefir, gekochte Rote Bete, Apfel, Honig (falls gewünscht) und Zimt vermischen.

Mischen, bis alles gut vermischt ist.

In ein Glas füllen und gekühlt servieren.

57. Tomaten-Basilikum-Kefir

ZUTATEN:

1 Tasse Kefir
1/2 Tasse frische Tomaten, gewürfelt
1/4 Tasse frische Basilikumblätter
1 Knoblauchzehe, gehackt
Salz und Pfeffer nach Geschmack
ANWEISUNGEN:

In einem Mixer Kefir, Tomaten, Basilikumblätter, gehackten Knoblauch, Salz und Pfeffer vermischen.

Mixen, bis eine glatte und cremige Masse entsteht.

In ein Glas füllen und gekühlt servieren.

58. Grünkohl-Ananas-Kefir

ZUTATEN:

1 Tasse Kefir
1/2 Tasse Grünkohlblätter, Stiele entfernt
1/2 Tasse frische Ananas, gewürfelt
1 Teelöffel Honig (optional)
ANWEISUNGEN:

In einem Mixer Kefir, Grünkohlblätter, Ananas und Honig (falls gewünscht) vermischen.

Mischen, bis alles gut vermischt ist.

In ein Glas füllen und gekühlt servieren.

59. Paprika-Koriander-Kefir

ZUTATEN:

1 Tasse Kefir
1/2 Tasse Paprika (rot, gelb oder orange), gewürfelt
2 Esslöffel frische Korianderblätter
1/2 Jalapeño-Pfeffer, entkernt (optional)
Salz und Pfeffer nach Geschmack

ANWEISUNGEN:

In einem Mixer Kefir, Paprika, Korianderblätter, Jalapeño-Pfeffer (falls gewünscht), Salz und Pfeffer vermischen.

Mixen, bis eine glatte und cremige Masse entsteht.

In ein Glas füllen und gekühlt servieren.

60. Zucchini-Basilikum-Kefir

ZUTATEN:

1 Tasse Kefir
1/2 Tasse Zucchini, gewürfelt
1/4 Tasse frische Basilikumblätter
Saft von 1/2 Zitrone
Salz und Pfeffer nach Geschmack
ANWEISUNGEN:

In einem Mixer Kefir, Zucchini, Basilikumblätter, Zitronensaft, Salz und Pfeffer vermischen.

Mischen, bis alles gut vermischt ist.

In ein Glas füllen und gekühlt servieren.

61. Süßkartoffel-Zimt-Kefir

ZUTATEN:

1 Tasse Kefir
1/2 Tasse gekochte Süßkartoffel, püriert
1/2 Teelöffel gemahlener Zimt
1 Teelöffel Honig (optional)

ANWEISUNGEN:

In einem Mixer Kefir, gekochte Süßkartoffel, Zimt und Honig (falls gewünscht) vermischen.

Mixen, bis eine glatte und cremige Masse entsteht.

In ein Glas füllen und gekühlt servieren.

62. Brokkoli-Grüner Apfel-Kefir

ZUTATEN:

1 Tasse Kefir
1/2 Tasse gedämpfte Brokkoliröschen
1/2 grüner Apfel, gewürfelt
Saft von 1/2 Zitrone
Salz und Pfeffer nach Geschmack

ANWEISUNGEN:

In einem Mixer Kefir, gedünstete Brokkoliröschen, grünen Apfel, Zitronensaft, Salz und Pfeffer vermischen.
Mischen, bis alles gut vermischt ist.
In ein Glas füllen und gekühlt servieren.

BLUMIGER KEFIR

63. Süßer Lavendelmilchkefir

ZUTATEN:
- 4 Tassen Milchkefir
- 2 Esslöffel getrocknete Lavendelblüten
- Bio-Rohrzucker oder Stevia

ANWEISUNGEN:

a) Machen Sie traditionellen Milchkefir und lassen Sie den Kefir 24 Stunden lang bei Raumtemperatur gären.

b) Die Kefirkörner abseihen und in frische Milch geben.

c) Die Lavendelblütenköpfe in den Milchkefir einrühren. Fügen Sie die Blütenköpfe nicht hinzu, solange sich die Kefirkörner noch im Kefir befinden.

d) Setzen Sie den Deckel auf den Kefir und lassen Sie ihn über Nacht bei Zimmertemperatur stehen. Die zweite Gärung sollte 12 bis 24 Stunden dauern.

e) Den Kefir abseihen, um die Blütenköpfe zu entfernen.

f) Rohrzucker oder Stevia hinzufügen. Den Süßstoff in den Kefir einrühren.

64. Lila-Pfirsich-Kefir

ZUTATEN:
- 4 Tassen Wasserkefir zum ersten Mal fermentieren
- ½ Tasse lila einfacher Sirup
- 1 Esslöffel Zitronensaft
- ¼ Tasse Pfirsichstücke frisch oder gefroren

FÜR DEN EINFACHEN SIRUP:
- 2 Tassen frische Fliederblüten
- 2 Esslöffel Rohrzucker
- ½ Tasse Wasser

ANWEISUNGEN:

a) Bereiten Sie den ersten Gär vor und lassen Sie das Glas 24–48 Stunden lang an einem warmen Ort stehen

b) Für den einfachen Sirup: Fliederblüten vom Zweig entfernen und in einem Sieb oder einer Salatschleuder mit kaltem Wasser abspülen. In einem Topf 2 Esslöffel Rohrzucker in ½ Tasse Wasser bei mittlerer Hitze auflösen. Sobald sich der Zucker aufgelöst hat und die Flüssigkeit zu köcheln beginnt, vom Herd nehmen.

c) Stellen Sie sicher, dass die Flüssigkeit nicht mehr kocht, und geben Sie Fliederblätter in das Zuckerwasser. Umrühren, um sicherzustellen, dass die Blütenblätter in die Flüssigkeit eingetaucht sind, den Deckel aufsetzen und 1–2 Stunden abkühlen lassen.

d) In der Flasche mit Drehverschluss den lilafarbenen Sirup in die 750-ml-Flasche mit Drehverschluss abseihen. Zitronensaft und Pfirsiche hinzufügen und mit dem ersten Ferment auffüllen.

e) Verschließen Sie die Flasche mit Drehverschluss und lassen Sie sie für die zweite Gärung 24 Stunden lang an einem warmen Ort stehen.

f) Langsam öffnen, abseihen und genießen!

65. Blaubeer-Zitronen-Lavendel-Kefir

ZUTATEN:

- 4 Tassen des ersten Ferments
- 10 frische oder gefrorene Blaubeeren, vorzugsweise Bio
- ¼ Tasse Zitronensaft
- ¼ Teelöffel Küchenlavendel

ANWEISUNGEN:

a) Bereiten Sie den ersten Gär vor und lassen Sie das Glas 24–48 Stunden lang an einem warmen Ort stehen.
b) Zitronensaft und Küchenlavendel in eine saubere Flasche mit Drehverschluss geben.
c) Geben Sie die Blaubeeren einzeln in die Flasche und drücken Sie die Beeren leicht aus, damit der Saft herausläuft.
d) Die Körner abseihen und das erste Ferment mit Zitronensaft, Lavendel und Blaubeeren in die Flasche geben.
e) Verschließen Sie die Flasche mit Drehverschluss und lassen Sie sie für die zweite Gärung 24 Stunden lang an einem warmen Ort stehen.
f) Im Kühlschrank aufbewahren, bis es gut gekühlt ist.
g) Langsam öffnen, abseihen und genießen!

66. Schmetterlingserbsen-Kamille-Kefir

ZUTATEN:
- 2 Teelöffel Erbsenblütenteepulver
- 8 Stück kandierter Ingwer
- 3 Zweige frische Pfefferminze, gequetscht
- 1 Teelöffel getrocknete Kamillenblüten

ANWEISUNGEN:

a) Bereiten Sie den ersten Gär vor und lassen Sie das Glas 24–48 Stunden lang an einem warmen Ort stehen.

b) Die Körner abseihen und die Zutaten mit dem ersten Fermentwasserkefir in die grüne Flasche mit Drehverschluss geben.

c) Verschließen Sie die Flasche mit Drehverschluss und lassen Sie sie für die zweite Gärung 24 Stunden lang an einem warmen Ort stehen.

d) Langsam öffnen, abseihen und genießen!

67. Hibiskus-Ingwer-Wasserkefir

ZUTATEN:
- 4 Tassen erste Gärung
- 20 getrocknete Hibiskusblüten
- 4 Scheiben frische Ingwerwurzel

ANWEISUNGEN:

a) Bereiten Sie den ersten Gär vor und lassen Sie das Glas 24–48 Stunden lang an einem warmen Ort stehen.

b) Hacken Sie den Ingwer und geben Sie ihn zusammen mit dem Hibiskus in Ihre Flasche mit Drehverschluss.

c) Fügen Sie zunächst fermentierten Wasserkefir hinzu.

d) Verschließen Sie die Flasche mit Drehverschluss und lassen Sie sie für die zweite Gärung 24 Stunden lang an einem warmen Ort stehen.

e) Langsam öffnen, abseihen und genießen!

68. Lavendel-Blaubeer-Kefir

ZUTATEN:

1 Tasse Kefir
1/2 Tasse frische Blaubeeren
1 Teelöffel getrocknete Lavendelknospen
1 Teelöffel Honig (optional)

ANWEISUNGEN:

Kombinieren Sie in einem Mixer Kefir, Blaubeeren, getrocknete Lavendelknospen und Honig (falls gewünscht).
Mischen, bis alles glatt und gut vermischt ist.
Die Mischung in ein Glas füllen und gekühlt servieren.

KRÄUTERKEFIR

69. Brennnesselblatt-Wasserkefir

ZUTATEN:
- 1 Teil Wasserkefir
- 1 Teil Brennnesselblattaufguss

ANWEISUNGEN:
a) Machen Sie Wasserkefir und entfernen Sie die Kefirkörner.
b) Mischen Sie 1 Teil fertigen Wasserkefir mit 1 Teil Kräutertee.

70. Eisiger Minzkefir

ZUTATEN:
- 4 Tassen Wasserkefir zum ersten Mal fermentieren
- ¼ Tasse loser Minztee
- ½ Tasse abgekochtes Wasser

ANWEISUNGEN:
a) Bereiten Sie den ersten Gär vor und lassen Sie das Glas 24–48 Stunden lang an einem warmen Ort stehen
b) Den Tee in einer halben Tasse kochendem Wasser ziehen lassen und auf Raumtemperatur abkühlen lassen
c) Die Körner abseihen und den ersten fermentierten Wasserkefir hinzufügen
d) Den Tee aus dem gekühlten Wasser abseihen und in eine Flasche mit Drehverschluss füllen
e) Dann gießen Sie zuerst fermentiertes Wasserkefir hinein
f) Verschließen Sie die Flasche mit Drehverschluss und lassen Sie sie für die zweite Gärung 24 Stunden lang an einem warmen Ort stehen.
g) Im Kühlschrank aufbewahren, bis es gut gekühlt ist.
h) Langsam öffnen, abseihen und genießen!

71. Rosmarin-Thymian-Kefir

ZUTATEN:
- 4 Tassen erste Gärung
- 1 Limette frisch gepresst
- 4 Stück getrockneter Ingwer
- 1 Esslöffel frischer Rosmarin
- 1 großer Zweig Thymian
- 4 süße Cicely-Samenkapseln

ANWEISUNGEN:

a) Bereiten Sie den ersten Gär vor und lassen Sie das Glas 24–48 Stunden lang an einem warmen Ort stehen.

b) Die Körner abseihen und alle Zutaten mit dem ersten fermentierten Wasserkefir in die Flasche mit Drehverschluss geben.

c) Verschließen Sie die Flasche mit Drehverschluss und lassen Sie sie für die zweite Gärung 24 Stunden lang an einem warmen Ort stehen.

d) Langsam öffnen, abseihen und genießen!

72. Basilikum-Grapefruit-Kefir

ZUTATEN:
- 1½ Tassen Grapefruitsaft
- 2½ Tassen gefiltertes oder destilliertes Wasser
- ⅓ Tasse Zucker
- 7 große Basilikumblätter, zerdrückt
- ¼ Tasse Wasserkefirkultur
- 1 Teelöffel Zitronensäure

ANWEISUNGEN:
a) Geben Sie den Grapefruitsaft in ein Einmachglas und fügen Sie das zerdrückte Basilikum und den Zucker hinzu.

b) Kräftig schütteln, um den Zucker aufzulösen. 1-2 Stunden ruhen lassen, um den Basilikumgeschmack aufzunehmen.

c) Geben Sie die Wasserkefir-Kultur mithilfe eines Abfülltrichters in die Flip-Top-Flasche.

d) Dann das Basilikum von der Grapefruit abseihen und den Saft in die Flip-Top-Flasche füllen.

e) Füllen Sie abschließend so viel Wasser in die Flasche, dass es etwa 5 cm unter die Öffnung reicht.

f) Verschließen und etwa 36–48 Stunden lang bei Raumtemperatur stehen lassen, oder bis deutliche Anzeichen von Kohlensäure auftreten.

g) Anschließend über Nacht in den Kühlschrank stellen. Jetzt ist es trinkfertig!

73. Dill-Gurken-Kefir

ZUTATEN:
- 1 Tasse Kefir
- 1/4 Tasse Gurke, gerieben
- 2 Esslöffel frischer Dill, gehackt
- Salz und Pfeffer nach Geschmack

ANWEISUNGEN:
a) In einer Schüssel Kefir, geriebene Gurke, frischen Dill, Salz und Pfeffer vermischen.
b) Gut umrühren, um die Aromen zu integrieren.
c) Gekühlt servieren.

74. Basilikum-Zitronen-Kefir

ZUTATEN:
- 1 Tasse Kefir
- 2 Esslöffel frische Basilikumblätter, gehackt
- Schale von 1 Zitrone
- Salz nach Geschmack

ANWEISUNGEN:
a) In einer Schüssel Kefir, frische Basilikumblätter, Zitronenschale und Salz vermischen.
b) Gut umrühren, um die Aromen zu entfalten.
c) Gekühlt servieren.

75. Rosmarin-Knoblauch-Kefir

ZUTATEN:

- 1 Tasse Kefir
- 1 Esslöffel frische Rosmarinblätter, gehackt
- 1 Knoblauchzehe, gehackt
- Salz und Pfeffer nach Geschmack

ANWEISUNGEN:

a) In einer Schüssel Kefir, frische Rosmarinblätter, gehackten Knoblauch, Salz und Pfeffer vermischen.
b) Gut umrühren, damit die Aromen miteinander verschmelzen.
c) Gekühlt servieren.

76. Schnittlauch-Zwiebel-Kefir

ZUTATEN:

- 1 Tasse Kefir
- 2 Esslöffel frischer Schnittlauch, gehackt
- 1 Esslöffel Frühlingszwiebeln, gehackt
- Salz und Pfeffer nach Geschmack

ANWEISUNGEN:

a) In einer Schüssel Kefir, frischen Schnittlauch, Frühlingszwiebeln, Salz und Pfeffer vermischen.
b) Gut umrühren, um die Kräuter gleichmäßig zu verteilen.
c) Gekühlt servieren.

77. Petersilien-Limetten-Kefir

ZUTATEN:
- 1 Tasse Kefir
- 2 Esslöffel frische Petersilie, gehackt
- Saft von 1 Limette
- Salz und Pfeffer nach Geschmack

ANWEISUNGEN:
a) In einer Schüssel Kefir, frische Petersilie, Limettensaft, Salz und Pfeffer vermischen.
b) Gut umrühren, um die Aromen zu entfalten.
c) Gekühlt servieren.

78. Thymian-Zitronen-Kefir

ZUTATEN:

1 Tasse Kefir
1 Esslöffel frische Thymianblätter
Schale von 1 Zitrone
Salz und Pfeffer nach Geschmack

ANWEISUNGEN:

In einer Schüssel Kefir, frische Thymianblätter, Zitronenschale, Salz und Pfeffer vermischen.

Gut umrühren, um die Aromen zu integrieren.

Gekühlt servieren.

79. Minz-Limetten-Kefir

ZUTATEN:

1 Tasse Kefir
2 Esslöffel frische Minzblätter, gehackt
Saft von 1 Limette
Salz und Pfeffer nach Geschmack
ANWEISUNGEN:

In einer Schüssel Kefir, frische Minzblätter, Limettensaft, Salz und Pfeffer vermischen.

Gut umrühren, um die Aromen zu entfalten.

Gekühlt servieren.

80. Koriander-Jalapeño-Kefir

ZUTATEN:

1 Tasse Kefir
2 Esslöffel frischer Koriander, gehackt
1/2 Jalapeño-Pfeffer, entkernt und gehackt
Salz und Pfeffer nach Geschmack

ANWEISUNGEN:

In einer Schüssel Kefir, frischen Koriander, gehackten Jalapeño-Pfeffer, Salz und Pfeffer vermischen.

Gut umrühren, um die Kräuter und Gewürze gleichmäßig zu verteilen.

Gekühlt servieren.

81. Salbei-Rosmarin-Kefir

ZUTATEN:

1 Tasse Kefir
1 Esslöffel frische Salbeiblätter, gehackt
1 Esslöffel frische Rosmarinblätter, gehackt
Salz und Pfeffer nach Geschmack

ANWEISUNGEN:

In einer Schüssel Kefir, frische Salbeiblätter, frische Rosmarinblätter, Salz und Pfeffer vermischen.

Gut umrühren, um die Aromen zu integrieren.

Gekühlt servieren.

82. Estragon-Basilikum-Kefir

ZUTATEN:

- 1 Tasse Kefir
- 1 Esslöffel frische Estragonblätter, gehackt
- 1 Esslöffel frische Basilikumblätter, gehackt
- Salz und Pfeffer nach Geschmack

ANWEISUNGEN:

a) In einer Schüssel Kefir, frische Estragonblätter, frische Basilikumblätter, Salz und Pfeffer vermischen.
b) Gut umrühren, um die Aromen zu entfalten.
c) Gekühlt servieren.

NUSSIGER KEFIR

83. Mandelbutter-Bananen-Kefir

ZUTATEN:
- 1 Tasse Kefir
- 2 Esslöffel Mandelbutter
- 1 reife Banane
- 1 Teelöffel Honig (optional)

ANWEISUNGEN:
a) In einem Mixer Kefir, Mandelbutter, Banane und Honig (falls gewünscht) vermischen.
b) Mixen, bis eine glatte und cremige Masse entsteht.
c) In ein Glas füllen und gekühlt servieren.

84. Erdnussbutter-Schokoladen-Kefir

ZUTATEN:
- 1 Tasse Kefir
- 2 Esslöffel Erdnussbutter
- 1 Esslöffel Kakaopulver
- 1 Teelöffel Honig (optional)

ANWEISUNGEN:

a) In einem Mixer Kefir, Erdnussbutter, Kakaopulver und Honig (falls gewünscht) vermischen.
b) Mischen, bis alles gut vermischt ist.
c) In ein Glas füllen und gekühlt servieren.

85. Haselnuss-Kaffee-Kefir

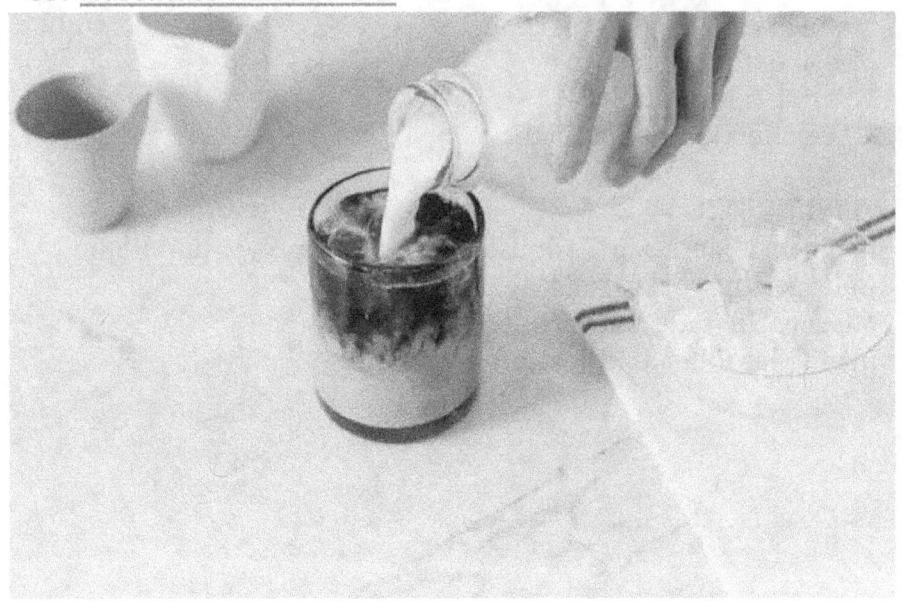

ZUTATEN:
- 1 Tasse Kefir
- 1 Esslöffel Haselnussaufstrich (z. B. Nutella)
- 1 Teelöffel Instantkaffeegranulat
- 1 Teelöffel Honig (optional)

ANWEISUNGEN:
a) In einem Mixer Kefir, Haselnussaufstrich, Instantkaffeegranulat und Honig (falls gewünscht) vermischen.
b) Mixen, bis eine glatte und cremige Masse entsteht.
c) In ein Glas füllen und gekühlt servieren.

86. Cashew-Vanille-Kefir

ZUTATEN:
- 1 Tasse Kefir
- 2 Esslöffel Cashewbutter
- 1/2 Teelöffel Vanilleextrakt
- 1 Teelöffel Ahornsirup (optional)

ANWEISUNGEN:

a) In einem Mixer Kefir, Cashewbutter, Vanilleextrakt und Ahornsirup (falls gewünscht) vermischen.
b) Mischen, bis alles gut vermischt ist.
c) In ein Glas füllen und gekühlt servieren.

87. Walnuss-Bananen-Brot-Kefir

ZUTATEN:
- 1 Tasse Kefir
- 2 Esslöffel zerstoßene Walnüsse
- 1 reife Banane
- 1/4 Teelöffel gemahlener Zimt
- 1 Teelöffel Honig (optional)

ANWEISUNGEN:

a) In einem Mixer Kefir, zerkleinerte Walnüsse, Banane, gemahlenen Zimt und Honig (falls gewünscht) vermischen.
b) Mixen, bis eine glatte und cremige Masse entsteht.
c) In ein Glas füllen und gekühlt servieren.

88. Pistazien-Kardamom-Kefir

ZUTATEN:
- 1 Tasse Kefir
- 2 Esslöffel zerstoßene Pistazien
- 1/4 Teelöffel gemahlener Kardamom
- 1 Teelöffel Honig (optional)

ANWEISUNGEN:
a) In einem Mixer Kefir, zerstoßene Pistazien, gemahlenen Kardamom und Honig (falls gewünscht) vermischen.
b) Mischen, bis alles gut vermischt ist.
c) In ein Glas füllen und gekühlt servieren.

89. Kokos-Mandel-Kefir

ZUTATEN:
- 1 Tasse Kefir
- 2 Esslöffel Kokosraspeln
- 2 Esslöffel Mandelmehl
- 1 Teelöffel Honig (optional)

ANWEISUNGEN:

a) In einem Mixer Kefir, Kokosraspeln, Mandelmehl und Honig (falls gewünscht) vermischen.
b) Mixen, bis eine glatte und cremige Masse entsteht.
c) In ein Glas füllen und gekühlt servieren.

90. Macadamia-Beeren-Kefir

ZUTATEN:
- 1 Tasse Kefir
- 2 Esslöffel zerstoßene Macadamianüsse
- 1/2 Tasse gemischte Beeren (z. B. Erdbeeren, Blaubeeren, Himbeeren)
- 1 Teelöffel Honig (optional)

ANWEISUNGEN:
a) In einem Mixer Kefir, zerkleinerte Macadamia-Nüsse, gemischte Beeren und Honig (falls gewünscht) vermischen.
b) Mischen, bis alles gut vermischt ist.
c) In ein Glas füllen und gekühlt servieren.

91. Pekannuss-Kürbis-Gewürz-Kefir

ZUTATEN:
- 1 Tasse Kefir
- 2 Esslöffel zerdrückte Pekannüsse
- 2 Esslöffel Kürbispüree
- 1/4 Teelöffel Kürbisgewürzmischung
- 1 Teelöffel Ahornsirup (optional)

ANWEISUNGEN:

a) In einem Mixer Kefir, zerstoßene Pekannüsse, Kürbispüree, Kürbisgewürzmischung und Ahornsirup (falls gewünscht) vermischen.

b) Mixen, bis eine glatte und cremige Masse entsteht.

c) In ein Glas füllen und gekühlt servieren.

92. Sesam-Ingwer-Kefir

ZUTATEN:

- 1 Tasse Kefir
- 2 Esslöffel geröstete Sesamkörner
- 1 Teelöffel geriebener Ingwer
- 1 Teelöffel Honig (optional)

ANWEISUNGEN:

a) In einem Mixer Kefir, geröstete Sesamkörner, geriebenen Ingwer und Honig (falls gewünscht) vermischen.
b) Mischen, bis alles gut vermischt ist.
c) In ein Glas füllen und gekühlt servieren.

KEFIR-COCKTAIL

93. Rum-Apfel-Ingwer-Kefir-Cocktail

ZUTATEN:
- 1 Tasse Apfel-Ingwer-Wasserkefir
- 1 Unze gewürzter Rum
- 3 dünne Scheiben säuerlicher grüner Apfel
- 1 Zimtstange
- 3 Stk. kandierter Ingwer

ANWEISUNGEN:
a) Rum in ein Glas gießen
b) Apfel-Ingwer-Wasser-Kefir hinzufügen
c) 3 Scheiben grünen Apfel hinzufügen
d) 2 Stk. kandierter Ingwer
e) Mit einer Zimtstange umrühren und im Glas belassen
f) Den Glasrand mit kandiertem Ingwer garnieren

94. Kokos-Tequila-Kefir-Cocktail

ZUTATEN:
- 1 Unze Kokosnuss-Tequila
- ⅛ Teelöffel Spirulina-Pulver
- Kokoswasser-Kefir
- Kokosraspeln

ANWEISUNGEN:

a) In einem Cocktailglas ⅛ Teelöffel Spirulina-Pulver mit Kokos-Tequila auflösen.

b) Eiswürfel hinzufügen und nach Belieben mit Wasserkefir auffüllen.

c) Vorsichtig umrühren und mit Kokosraspeln bestreuen.

d) Sofort servieren.

95. Minz-Schokoladen-Kefir-Cocktail

ZUTATEN:
- Weiße Schokolade
- Pfefferminzwasserkefir
- 1 Unze Vanille-Wodka
- 1 zerdrückte Zuckerstange zum Garnieren

ANWEISUNGEN:
a) Zerkleinerte Zuckerstangen auf einen kleinen Teller legen.
b) Befeuchten Sie den Außenrand eines gekühlten Martiniglases mit Wasser.
c) Halten Sie das Glas am Stiel und drehen Sie den Rand, um es mit Süßigkeiten zu überziehen.
d) Geben Sie White Chocolate Peppermint Water Kefir und Wodka in das Glas.

96. Kefir-Gin-Cocktail

ZUTATEN:
- 2 Unzen Gin
- ½ Unze frische Meyer-Zitrone oder normaler Zitronensaft
- 2 Esslöffel ungesüßter Kokosnusskefir
- 1 Esslöffel feinster Zucker
- 4 Tropfen Orangenblütenwasser
- 3 Unzen gekühltes kohlensäurehaltiges natürliches Quellwasser
- Eiswürfel
- In dünne Scheiben geschnittene Zitronen und Orangenschale garnieren

ANWEISUNGEN:
a) Gin, Zitronensaft, Kefir, Zucker und Orangenblütenwasser mit ein paar Eiswürfeln in einen großen Cocktailshaker geben.
b) 20 Sekunden lang kräftig schütteln, bis der Kefir leicht sprudelt und alles gut gekühlt ist und sich der Zucker vollständig aufgelöst hat.
c) Nehmen Sie den Deckel vorsichtig ab.
d) In ein Glas mit frischem Eis abseihen und mit gekühltem kohlensäurehaltigem natürlichem Quellwasser auffüllen.
e) Garnieren und servieren.

97. Mojito-Kefir-Cocktail

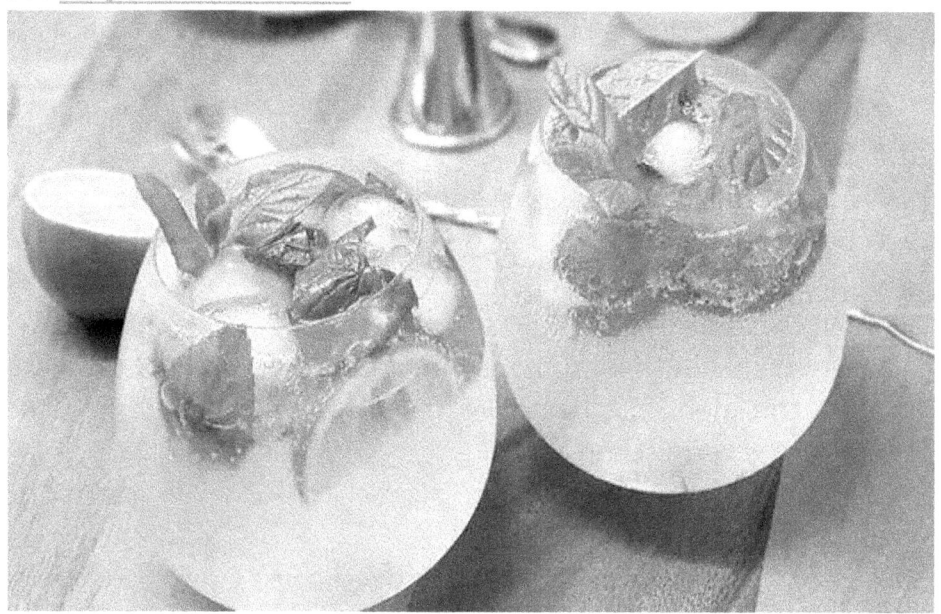

ZUTATEN:
- ½ gepresste Limette und eine zusätzliche Scheibe zum Garnieren
- 1 Teelöffel Bio-Rohrzucker
- 1 Schuss Kefir
- 10-20 frische Minzblätter
- Zum Auffüllen Mineralwasser oder Sodawasser
- Eiswürfel

ANWEISUNGEN:
a) Waschen und bereiten Sie Ihre Minze vor und lassen Sie sie etwas trocknen. In einem Glas frische Minzblätter, Limettensaft und Zucker vermischen.
b) Mischen Sie die Mischung, bis sich der Zucker größtenteils aufgelöst hat.
c) Geben Sie Eiswürfel und ein oder zwei Schuss Original Kefir in das Glas. Umrühren.
d) Mit gekühltem Sodawasser auffüllen und mit einer Limettenscheibe oder frischen Minzblättern garnieren.

98. Kirschblütencocktail

ZUTATEN:
- 1 Unze Kirschkefir
- 1½ Unzen weißer Rum
- 1½ Unzen Sauerkirschsaft
- 0½ oz Zitruslikör
- 7 Tropfen Rhabarberbitter

ANWEISUNGEN:

a) Alle Zutaten mit Eis in einen Cocktailshaker geben und schütteln, bis es abgekühlt ist.

b) In ein gekühltes Coupe-Glas abseihen und mit Kirschblüten garnieren.

99. Yuzu-, Ube- und Kefir-Cocktail

ZUTATEN:
- 1 ¼ Unzen gereifter Rum
- ½ Unze Bourbon
- ¼ Unze Sherry
- ¼ Unze Bananenlikör
- ¾ Unze Yuzu-Saft
- ¾ Unze Ube-Sirup
- 1 ½ Unzen Kefir

ANWEISUNGEN:
a) Kombinieren Sie die ersten fünf Zutaten in einem Behälter.
b) Erhitzen Sie den Kefir auf dem Herd oder in der Mikrowelle.
c) Lassen Sie es köcheln, aber nicht kochen. Beim Sieden gerinnt der Kefir, was gut ist.
d) Geben Sie den warmen Kefir in den Behälter mit dem Cocktail und lassen Sie ihn mindestens 30 Minuten ruhen.
e) Den Cocktail durch einen Kaffeefilter abseihen; Der gefilterte Cocktail sollte klar und gelblich sein.
f) Um ein klareres Getränk zu erhalten, filtern Sie es mit demselben Filter erneut durch den Quark.
g) Ube-Sirup hinzufügen und umrühren.
h) Zum Servieren den Cocktail in ein Steinglas über einen großen Eiswürfel gießen und zum Abkühlen umrühren.

100. Basilikum-Jalapeno-Kefir-Cocktail

ZUTATEN:
- Zweig frischer Basilikum
- 2–6 Scheiben frische Jalapeno
- 2 Unzen Ananassaft
- 2 Unzen Ingwerwasserkefir
- 1½ oz irischer Whiskey
- Martini shaker
- Eis

ANWEISUNGEN:
a) Ananassaft, Ingwer-Wasserkefir und optional Whiskey in einem Shaker mit Eis vermischen und rollen oder leicht schütteln, um alles zu vermischen.
b) Geben Sie ein paar Würfel in ein Glas, legen Sie die Jalapenos und das Basilikum hinein und gießen Sie es in das Glas.
c) Servieren und genießen!!

ABSCHLUSS

Kefir ist eine erfrischende und köstliche Möglichkeit, mehr nützliche Probiotika zu erhalten, die nützlichen Bakterien, die wir zum Aufbau einer gesunden inneren Körperumgebung benötigen. Die freundlichen Bakterien in Kulturgetränken sorgen für ein gesundes Verdauungssystem und einen gesunden Dickdarm und helfen uns, unsere Nahrung abzubauen und zu verdauen und mehr Nährstoffe aufzunehmen. Sie helfen auch dabei, Giftstoffe aus unserem Körper zu entfernen und uns von innen heraus zu entgiften. Kefir hat antitumorale Eigenschaften, wirkt entzündungshemmend und stärkt das Immunsystem. Kefir senkt bekanntermaßen den Cholesterinspiegel; Hilfe bei Herz- und Arterienerkrankungen; den Blutdruck regulieren; Hilfe bei der Verdauung; und heilen Leber, Nieren, Milz, Bauchspeicheldrüse, Gallenblase und Magengeschwüre.